Weihnachten 2005

Deine Oma Jenny.

Christnachtwunder

Zwei Weihnachtsmärchen

von Margarete Thiele

mit Bildern von E. Kutzer und F. Schenkel

Verlag Hans Friedrich Abshagen, Dresden

Die Weihnachtsgans

Auf weichen, blauen Flügeln sank die Dämmerung nieder. Wald und Berge träumten still im Schneegewande und traulich schmiegte sich die kleine Stadt zu ihren Füßen.

Weiß verbrämt ragte der dicke Kirchturm trutzig über die Gassen, die spitzgiebligen Häuser behütend, die sich wie schutzsuchende Kücklein um die Henne dicht um das alte Gotteshaus scharten.

Menschenleer lag der verschneite, steile Marktplatz inmitten des Städtchens, den am oberen Ende die Schmalseite der Kirche mit der altertümlichen Haupttür begrenzte. Weiter hinab umgaben ihn die stattlichsten Häuser der Stadt, das Bürgermeisteramt, die Apotheke, das Wirtshaus zum „Goldenen Löwen" und ganz unten der düstere Bogen des alten Schloßtores mit seinen steinernen Nischen. Davor aber stand der alte Gänsebrunnen.

Hier und da ward es jetzt hell hinter den Scheiben, denn so sparsam die braven Bürger sonst mit dem Lichtanzünden waren, heute zum Christabend wurde beizeiten die Stube erleuchtet, denn überall gab es noch viel zu tun, ehe alles bereit war, den

Weihnachtsabend in alter Weise mit allen dazugehörigen Freuden für Leib und Seele zu feiern.

In dunklen Stuben hockten erwartungsvolle Kinder, drückten die Näschen an die Scheiben, ein Guckloch in die Eisblumen hauchend, durch das man vielleicht, wenn man sich ganz still verhielt und angestrengt in die Dämmerung spähte, Knecht Ruprecht oder gar einen von Christkindleins Engeln mit Gaben bepackt vorbeihuschen sah.

Denn das wußten sie alle: Draußen hinter dem Städtchen, wo die Bergstraße emporkletterte in den Tannenwald, da schwebte das liebe Christkind, wenn es ganz dunkel geworden war, herab vom Himmel mit seiner Engelschar. Gerade wenn die Kirchenglocken zur Christvesper zu läuten begannen, setzte es seinen Fuß auf die Erde, und dann, – dann war es Weihnachten.

Aber noch war es nicht so weit. „In zwei Stunden", sagten die großen Leute, „läuten die Christglocken", und seufzend verlegten sich die kleinen Ungeduldigen weiter aufs Warten.

Nur dem Hansel vom Küster war es recht, daß es noch so lange dauerte, während es die andern Buben und Mädels doch kaum mehr aushalten konnten.

Der Hansel hatte nämlich noch etwas ganz Wichtiges vor, ehe er Weihnachten feiern konnte, etwas, wovon für ihn alles abhing, ob dies Christfest auch wirklich so herrlich wurde, wie er es sich tausendmal ausgemalt hatte seit, – ja, seit dem letzten Kirmestage im vorigen Herbst.

Da hatte Hansel nämlich zum ersten Male in seinem kleinen

Leben Gänsebraten gegessen mit knusprig-brauner Haut und gebratenen Äpfeln und köstlicher Brühe, – oh, er roch und schmeckte es jedesmal wieder, wenn er daran dachte, – und das war so gekommen:

Daheim bei den Eltern waren seit langem die Bissen recht mager für die sieben hungrigen Buben und Mädel, von denen Hansel der mittelste war.

Der Vater, ein biederer Schuster und im Nebenamt Küster, hatte nur geringen Verdienst. Die Mutter war wegen der vielen Kinder auch nicht imstande, etwas mitzuerwerben, und so mußten die älteren Kinder durch allerlei Aushilfearbeiten mit zum Unterhalte verdienen.

Hansel war eigentlich noch zu klein dazu, dennoch bot auch er überall seine Dienste an, weil er so gerne den Eltern helfen wollte. Aber immer ward er von den Leuten lachend beiseite geschoben, er solle erst älter und größer werden.

Das verdroß den Hansel sehr. Als aber der Kirmestag kam, wo es allerorten so viel zu tun gab, da ging er einfach ganz keck hinein in das Wirtshaus zum „Goldenen Löwen" und fragte nach Arbeit.

Dem Löwenwirt selber war er gerade in die Hände gelaufen, und der hatte Spaß an dem tapferen Bürschchen, was so jung schon wie ein Großer arbeiten wollte.

Er schickte den Hansel in die Küche, wo es alle Hände voll Arbeit gab, und hieß ihn Gläser spülen. Und emsig stand nun der kleine Mann Stunde um Stunde am Spülfaß, glühend vor Eifer.

Als es Mittag war, rief man ihn beiseite an eine Ecke des riesigen Küchentisches, und der Löwenwirt selber stellte dem sprachlosen Bübchen einen Teller mit – Gänsebraten hin. Wie das schmeckte, war nicht zu beschreiben! Daheim im Küsterhause hatte es, solange Hansel denken konnte, noch nie so etwas gegeben. Oh, wenn die Eltern davon hätten kosten können!

Als er dann abends todmüde zwar, aber überglücklich mit seinem bescheidenen Verdienst heimkam, erzählte er vor allem den Eltern und den neugierig lauschenden Geschwistern von dem Gänsebraten. Da staunten sie alle, und Vater sagte ein wenig trübe lächelnd: „Ja, ja, Gänsebraten ist was ganz Feines! Früher hat's wenigstens einmal im Jahre auch bei uns welchen gegeben, das war zum Christfest. Doch zu einer Weihnachtsgans reicht es schon lange nicht mehr!“

„Auch heuer nicht?“ fragte Hansel zaghaft.

„Ach, Bub“, meinte die Mutter, „da müßte schon ein Wunder geschehen, wenn wir für so was Geld übrig hätten bei den teuren Zeiten.“

Hansel nickte, er wußte es ja recht gut, wie schwer es den Eltern wurde, daß sie nur alle satt zu essen hatten.

„Aber wenn nun doch ein Wunder geschieht“, sagte er nachdenklich, „ja, was ist das eigentlich, ein Wunder?“

Da lachten sie alle über ihn und nannten ihn einen kleinen Dummbart. Aber der Hansel wußte immer noch nicht, was ein Wunder ist.

Doch es stand nun bei ihm fest, daß er den Eltern eine Weih-

Der Hansel kommt zum Brunnenbuben

nachtsgans verschaffen müsse, ganz heimlich, um sie ihnen zum Fest zu bescheren, – freilich, wie das möglich werden sollte, das wußte er noch nicht.

Er ging anderntags zum Nachbar Tischler, dessen uralte Mutter dem kleinen Jungen von Herzen gut war und ihm oft Märchen und allerlei krause Geschichten erzählte, und er fragte sie, was ein Wunder sei. Aber die Alte schüttelte nachdenklich den Kopf und antwortete nur: „In der Christnacht, sagt man, geschehen noch Wunder, sonst weiß ich nichts davon, denn ich selber habe nie eines erlebt. Doch was soll's damit, Hansel?"

Da erzählte er ihr sein Erlebnis beim Löwenwirt und daß er nun nur einen Wunsch hätte, den Eltern zu Weihnachten eine Gans zu bescheren, weil sie selber kein Geld dazu hätten. Sonst könnte er sich dieses Jahr gar nicht richtig freuen zum Christfest. Und weil die Mutter gesagt hätte, es müßte schon ein Wunder geschehen, wenn sie für so was Geld übrig hätten, da wollte er gern wissen, was ein Wunder wäre.

„Und da willst Du nun auf das Wunder warten?" fragte die Alte, „ach, Kind, das ist eine unsichere Sache. Da solltest Du lieber sehen, ob Du das Geld für eine Gans nicht verdienen kannst."

Von da an versuchte der Hansel nun abermals, Arbeit zu finden. Aber wo er auch hinkam, überall schickte man ihn weg, weil er noch so kleine Hände hatte, die noch nicht recht zugreifen konnten. Und auch der Löwenwirt, bei dem der Kleine wieder schüchtern anfragte, meinte, am Kirmestage habe er wohl mal eine Ausnahme gemacht, sonst könne er aber so kleine Kerle nicht brauchen.

So gingen die Tage hin, und Weihnachten rückte nahe heran. Ganz traurig war der Hansel zuweilen, wenn er denken mußte, daß es ihm doch nicht gelingen sollte, den Eltern zum Feste einen Gänsebraten zu bescheren. Oh, er hatte es sich so deutlich ausgemalt, wie sie staunen und sich freuen und alle dann vergnügt schmausen würden. Und er hatte ordentlich den Bratenduft aus Mutters Küche gerochen, viele, viele Male schon. Doch Arbeit konnte er nirgends bekommen, – aber vielleicht, vielleicht geschah noch ein Wunder!

Ein freundlicher Nachbar hatte ihm einmal für einen Botengang einen kleinen Sack voll rotbäckiger Äpfel geschenkt. „Für den Gänsebraten", dachte Hansel und verwahrte sie heimlich an einem sicheren Versteck, daß Mutter und Geschwister sie nicht finden sollten vorher. Nicht einen einzigen biß er an, so sehr sie auch lockten. Doch das blieb alles, was er für den Gänseschmaus hatte, die Hauptsache – die Gans – fehlte.

Als das Christfest nun ganz nahe war und Hansel noch immer kein Geld verdient und sich auch sonst nichts ereignet hatte, da ging er einmal abends ganz traurig über den Markt, – er wollte es doch nochmals beim Löwenwirt versuchen.

Silbern guckte der Vollmond über die dunklen Giebel und

zeichnete ihre Schatten scharf in den flimmernden Schnee, daß sie wie seltsame Nachtgespenster als finstere Wächter vor den Häusern lagen.

Der Brunnen vor dem Schloßtor ragte lichtübergossen aus dem Schnee, während sein Schatten kohlschwarz und unheimlich über den weißen Boden kroch, und der goldene Löwe über der Wirtshaustür schien drohend die glänzenden Augen zu rollen.

Dem Hansel ward ordentlich bange, denn er mußte ganz nahe am Brunnen vorbei, und er huschte rasch in den offenen Flur des Wirtshauses und brachte schüchtern seine Bitte um Arbeit vor.

Aber diesmal war der Löwenwirt gerade schlechter Laune. Er packte den Buben wortlos bei den Schultern, drehte ihn um und schob ihn statt jeder Antwort nicht eben sanft aus der Tür.

Ganz niedergeschlagen schlich Hansel davon. Unter dem Bogen des Schloßtores aber kauerte er sich auf den alten Steinsitz in der Nische, dem Brunnen gerade gegenüber, und starrte traurig vor sich hin. Tränen traten ihm in die Augen, und müde stützte er den Kopf in die kleinen Hände, die so gerne arbeiten wollten und denen keiner es zutraute.

Wie lange er so gesessen hatte, wußte er nicht, als ihm auf einmal wieder das Wunder einfiel, was vielleicht doch noch geschehen und ihm seinen heißen Wunsch nach der Weihnachtsgans erfüllen könnte.

Schnell trocknete er die Tränen und hob den Kopf, und da bemerkte er, daß der steinerne Bube, der in der Mitte des Brunnenbeckens auf erhöhtem Sockel stand, ihn ganz sonderbar anguckte, daß Hansel neugierig aufstand und den Steinernen wieder angucken mußte.

Der war dem Hansel eigentlich ein guter Bekannter, ihm und allen Buben im Städtchen, denn sie benutzten ihn gar zu gern als Zielscheibe ihrer Schneebälle, und allemal gab es ein lautes Hallo, wenn der Brunnenbube einen tüchtigen Treffer bekam.

Erst gestern war bei einer wilden Schneeballschlacht der steinerne Junge gar heftig beschossen worden, und als die ausgelassene Schar daran keinen Spaß mehr fand, versuchte sie ihre Kunst am goldenen Löwen über der Wirtshaustür, der immer so vornehm glänzend auf sie herabsah.

Aber keinem gelang es, diesen zu treffen, auch dem Hansel nicht, der doch so gut schießen konnte. Und da formte er aus Ärger, daß er den Löwen nicht traf, einen besonders festen Schneeball und warf ihn noch einmal nach dem Brunnenbuben und traf ihn mitten auf die Nase.

Lautes Beifallsgeschrei lohnte diese Heldentat und lockte zugleich den Löwenwirt vor die Tür, der scheltend die Bubenschar vertrieb.

Der Brunnenbube aber sah bitterböse den davonstiebenden Kindern nach, denn er war tief gekränkt.

Darum guckte er jetzt dem Hansel so starr ins Gesicht. Oh, er wußte es ganz genau, daß der es gestern gewesen war, der ihm den Schneeball mitten ins Gesicht geworfen hatte. Was tat der Bengel jetzt hier? Wollte er sich etwa entschuldigen für seine Unart oder wieder nach ihm werfen?

Aber Hansel gingen ganz andere Gedanken durch den Kopf. Wie er nämlich vor dem Brunnen stand, kam ihm auf einmal zum Bewußtsein, was er schon unzählige Male gesehen, aber noch nie beachtet hatte, nämlich, daß der Brunnenbube unter jedem Arme eine Gans hielt, die sich heftig sträubten und ihre Hälse vorstreckten und im Sommer helle Wasserstrahlen aus ihren Schnäbeln in das Brunnenbecken quellen ließen.

Ganz unwillkürlich sprach der Hansel aus, was er dachte: „Zwei Gänse hat der", sagte er vor sich hin, „ich wollte, ich hätte eine davon für die Eltern."

Da zwinkerte der Brunnenbube ganz deutlich mit den Augen und nickte mit dem Kopfe. „Jawohl, zwei Gänse", sagte er mit merkwürdig heiserer Stimme, denn er mochte sich bei dem scharfen Frostwetter so im bloßen Hemdchen etwas erkältet haben. „Du möchtest wohl gar eine haben, was?"

Hansel staunte. Wie, der Gänsejunge konnte sprechen? Jetzt geschah wohl gar das Wunder, auf das Hansel wartete?

„Ach ja, zu gern möchte ich eine haben", entgegnete er darum schnell und freudig, „für meine Eltern zum Christfest." Und er erzählte nun ohne Scheu von dem köstlichen Gänsebraten im „Goldenen Löwen", und daß er seitdem danach trachtete, eine Weihnachtsgans zu verdienen, daß es ihm aber bis heute nicht gelungen war, denn die Leute sagten immer, er sei zum Arbeiten noch zu klein. Und eben jetzt hätte ihn auch der Löwenwirt noch weggeschickt.

Da kicherte der Brunnenbube schadenfroh und sagte: „Und da

meinst Du, ich solle Dir eine Gans geben? Ich werde mich schön hüten! Nachdem Du mir gestern den Schneeball auf die Nase geworfen hast – sie konnte zerbrechen davon –, da soll ich Dir heute was schenken? Ja, sag' mal, würdest Du das an meiner Stelle tun?"

„Nein", gestand Hansel ehrlich.

„Na, siehst Du", fuhr der Brunnenbube fort, „ich sollte Dich lieber mal tüchtig mit Schneebällen schmeißen, daß Du fühlst, wie es tut. Aber Dir was schenken, nein, Hansel, so dumm bin ich nicht!"

„Aber es ist doch für die Eltern, Brunnenbube, sie sollen eine rechte Freude haben zum Christfest. Ich will Dir auch gern alles zuliebe tun, was Du verlangst, und wenn es auch schwer für mich wäre, – wenn ich nur dann den Eltern den Festbraten schenken kann", entgegnete Hansel kleinlaut.

„Wirklich, alles willst Du tun, was ich verlange?" lachte der Brunnenbube. „Na, darüber ließe sich ja reden …"

Da kam ein Mann quer über den Markt gegangen gerade auf den Brunnen zu, und sofort schwieg der Gänsejunge und guckte steinern und regungslos ins Weite.

„Hansel", rief der Mann von weitem, „was treibst Du hier? Marsch, marsch nach Hause, die Mutter kocht schon die Abendsuppe. Ich will noch schnell ein Paar Schuhe abliefern, lauf immer voraus, ich komme gleich nach."

Der Vater war's, der den Hansel auf seinem steinernen Sitz unter dem Torbogen gefunden hatte. Aber wie – stand er nicht eben noch vor dem Brunnen und sprach mit dem Gänsejungen? Das war doch sonderbar!

Doch es war keine Zeit, darüber nachzudenken. Gehorsam kehrte der Kleine dem Brunnen den Rücken und stieg zögernd über den Markt empor.

Nach ein paar Schritten aber mußte er sich umdrehen. Der Brunnenbube hatte ihm ja noch gar keine richtige Antwort gegeben.

Da nickte der Steinerne wieder ganz deutlich, und als Hansel wie gebannt stehen blieb, rief er so laut, daß der Kleine heftig erschrak: „Eine Stunde bevor die Christglocken läuten am Weihnachtsabend komme hierher zu mir auf den Markt, da sollst Du hören, was Du mir zuliebe tun sollst …“

Da trat der Vater aus dem Hause seines Kunden, und wieder verstummte der Brunnenbube und guckte unbeweglich vor sich hin.

„Bist Du immer noch hier?“ fragte der Vater seinen Jungen ein wenig ärgerlich, als er ihn mit raschen Schritten eingeholt hatte.

„Ich – ich wollte Dich erwarten“, stotterte Hansel, froh, daß Vater in dem matten Mondlicht nicht sah, wie er bei der Unwahrheit rot wurde. Und brav trabte er nun mit nach Hause. –

Auch die letzten Tage vor Weihnachten waren vergangen, Hansel hatte nichts verdienen können. Aber er war nicht traurig, denn nun glaubte er fest, daß jetzt das Wunder sich vollenden müsse, das neulich abends am Gänsebrunnen begonnen hatte.

Pünktlich eine Stunde vor Glockenläuten wollte er hinab auf den Markt gehen, um zu hören, was er dem steinernen Buben für

Wie das Wunder geschah

einen Gefallen tun sollte, um als Lohn die Gans für die Eltern zu bekommen.

Darum war Hansel das einzige von allen Kindern im Städtchen, das froh war, daß es noch eine Zeit dauerte, bis die Glocken läuteten. Denn ein bißchen bange war ihm doch vor dem Brunnenbuben, wer weiß, was der Sonderbares verlangte!

Und wäre es nicht der letzte Versuch gewesen, das ersehnte Festgeschenk für die Eltern zu erlangen, wahrhaftig, Hansel wäre im letzten Augenblick noch daheim geblieben.

Der Vater hatte gefragt, ob der Junge ihm heute helfen wollte beim Glockenläuten. Ganz selten kam das vor, und es war allemal ein Fest für den Kleinen. Gar zu gern wäre er drum mit hinauf auf den Kirchturm gestiegen, wo der Wind so seltsam brauste im alten Glockengestühl und man so tief hinabsah auf die verschneiten Dächer und die winzigen Menschen, die von fernher mit ihren Lichtern zum Gotteshaus kamen.

Aber nein, heute schüttelte der Hansel den Kopf und sagte, daß er noch zu tun habe für die Bescherung, der Vater möchte lieber den größeren Bruder mitnehmen.

Dann huschte er flink aus dem Hause, nicht achtend, daß Vater verwundert hinter ihm her rief: „Wo willst Du denn noch hin? Junge, so höre doch!"

Aber Hansel lief eilig davon, die lange Gasse zwischen den Gärten hinab, und erst unten beim „Goldenen Löwen" bog er in den Marktplatz ein.

Einen scheuen Blick warf er dem Brunnenbuben zu, der unbeweglich wie immer stand und seine Gänse fest unter den Armen hielt und der heute kaum unter seiner dicken Schneehaube vorgucken konnte, denn es hatte die ganze letzte Nacht in dicken Flocken geschneit.

Da schlug es 5 Uhr auf dem Kirchturm, also war Hansel ganz pünktlich zur Stelle, genau eine Stunde ehe die Christglocken läuteten, wie es der Gänsejunge verlangt hatte.

Aber der rührte sich nicht, so als ob er den Hansel gar nicht sähe.

Da setzte sich der kleine Junge wieder auf den Steinsitz in der Nische am Schloßtor und wartete.

Jetzt war es ganz dunkel geworden, einzelne Sterne blitzten auf am Himmel und guckten neugierig zum Hansel herunter. Ab und zu ging jemand eilig über den Markt, achtlos vorbei am Brunnen und dem wartenden Kinde, das geduldig in seiner Ecke saß, halb neugierig, halb ängstlich, was nun wohl geschehen würde.

Die Zeit verging, am Himmel ward es seltsam hell, und nun lugte der Mond ein Stückchen über den Wirtshausgiebel und ließ seine Silberstrahlen dem Brunnenbuben übers Gesicht huschen.

Hansel rieb sich die Augen, er war ganz schläfrig geworden vom Stillsitzen!

Jetzt drehte der Gänsejunge die Augen suchend nach allen Seiten. „Hansel, bist Du zur Stelle?" rief er halblaut.

„Hier bin ich", antwortete der Kleine und trat tapfer aus dem Schatten der Nische hervor.

Kein Mensch war ringsum zu sehen, nur in der Kirche wurden

die Fenster hell. Da wußte Hansel, daß nun in wenigen Minuten die Glocken die Leute zur Christvesper rufen würden, während droben im Walde das Christkind zur Erde niederstieg und es Weihnachten ward.

„Schnell, Brunnenbube, sag', was soll ich Dir zuliebe tun, um für meine Eltern die Weihnachtsgans zu verdienen?" flüsterte Hansel hastig.

Der Gänsejunge wiegte bedächtig den Kopf und lachte in sich hinein.

„So sag's doch, schnell", drängte Hansel ungeduldig, „gleich werden die Glocken läuten und viele Menschen hier vorbeikommen, um nach der Kirche zu gehen."

„Ja, Hansel, und ich will mit ihnen gehen. Du aber sollst inzwischen an meiner Stelle hier stehen und meine Gänse über den Brunnen halten, bis ich wiederkomme. Seit undenklichen Jahren stehe ich hier, höre die Glocken und sehe von weitem die hellen Kirchenfenster. Aber wie es drin in der Kirche ist, das sah ich nie. Nun sollst Du mir helfen, daß ich's erfahre."

Und behende sprang der Brunnenbube zu Hansels maßlosem Staunen von seinem Sockel herab, trat dicht an den kleinen Jungen heran und fuhr fort:

„Leihe mir Deinen Mantel und die Mütze, daß sich die Leute nicht wundern über mich, denn ich habe ja nur ein steinernes Hemdchen an. Nun nimm die Gänse unter den Arm – Du mußt sie genau so halten wie ich –, und dann helfe ich Dir hinauf auf den Brunnen."

„Wenn Du weiter nichts verlangst, Gänsejunge, das tue ich gerne, das macht mir Spaß“, sagte Hansel erleichtert. „Nur bleib nicht zu lange fort, hörst Du? Und versprich mir erst, daß Du mir dann wirklich eine von Deinen Gänsen gibst!“

„Ich verspreche Dir's“, kicherte der Brunnenbube, schlüpfte in Hansels Mantel, stülpte sich die wollene Mütze auf den Kopf und zog sie tief ins Gesicht. Dann half er ihm auf den Brunnen.

Zwar war das alles so über die Maßen seltsam, aber, – das war wohl eben das Wunder, dachte Hansel, was erst geschehen mußte, ehe es daheim Gänsebraten geben konnte.

Schnell brachte der Gänsejunge dem kleinen Jungen noch Arme und Beine in die richtige Stellung und trat dann zurück in den Schatten des Schloßtores.

Im selben Augenblick schwebte der erste Glockenton feierlich über die verschneite Stadt, – jetzt war es Weihnachten!

Von allen Seiten strömten die Kirchgänger herbei, gemessenen Schrittes stiegen sie über den Marktplatz empor, um droben im Gotteshaus die alte, liebe Weihnachtsgeschichte zu hören und Christkindleins Geburt zu feiern.

Und mitten unter die Menschen mischte sich der Brunnenbube und verschwand mit ihnen in der Kirche.

Hansel aber stand nun oben auf dem Brunnen, regungslos, als wäre er selbst zu Stein geworden wie der richtige Gänsejunge. Mit aller Kraft hielt er die schweren Gänse über das Becken, deren Last immer größer zu werden schien.

Er konnte verstehen, daß der Brunnenbube auch einmal zur Christvesper in der Kirche sein wollte. Es war doch jedesmal so feierlich und schön, wenn all die Kerzen brannten und die Orgel erklang, und Hansel verhalf ihm gern dazu.

Aber es war doch nicht so einfach, den Brunnenbuben zu vertreten, wie er sich's gedacht hatte, und lustig war es auch nicht, so stillzustehen ohne Mantel und Mütze bei der Kälte.

Wenn nur keiner von den Vorübergehenden ihn etwa erkannte und fragte, was er da oben zu suchen habe. Was sollte er da bloß antworten!

Aber achtlos gingen alle vorbei, bis der Markt wieder einsam im Mondlicht lag und das Festgeläute verklang.

Hansel stand auf seinem Posten und rührte sich nicht. Gedämpft klangen Orgelton und frommer Gesang aus der Kirche herab.

Sehnsüchtig blickte Hansel hinüber. Statt mitzusingen wie andere Jahre bei der Christvesper, stand er nun einsam hier auf dem Markt, hütete die Gänse des Brunnenbuben und fror.

Doch er bereitete dem armen, steinernen Jungen, der sonst immer stillstehen mußte, ja eine Freude damit, und zu Weihnachten, dachte Hansel, soll einer dem andern doch vor allen Dingen Liebes tun.

Aber dennoch wurde er jetzt ordentlich zornig darüber und hätte am liebsten ärgerlich mit dem Fuße gestampft. Doch schwer wie Stein waren ihm die Glieder, und es wurde ihm merkwürdig bang ums Herz.

Wenn nur der Gänsejunge nicht zu lange fort blieb! Ehe die Kirche aus war, mußte er zurückkommen, damit Hansel seinen Lohn erhalten und ungesehen heimtragen konnte.

Und da dachte er nun wieder an die Freude, die er den Eltern mit der Weihnachtsgans machen würde, und malte sich aus, wie es allen morgen zum Mittagessen schmecken würde. Und darüber vergaß er die Kälte und die schwere Last in seinen kleinen Armen.

Patsch – flog ihm da plötzlich ein Schneeball hart gegen die Brust, patsch – ein zweiter an den Kopf und ein dritter ans Bein.

Wer war das? Empört wollte Hansel aufschreien und sich nach dem Plagegeist umwenden, – aber es ging nicht. Keinen Ton brachte er heraus und auch den Kopf konnte er nicht wenden. Es war, als sei er nun wirklich versteinert, und er mußte sich alles wehrlos gefallen lassen.

Da hörte er das schadenfrohe Kichern des Brunnenbuben, der lautlos herangeschlichen war.

Statt andächtig in der Kirche zu sitzen, wie Hansel glaubte, war der Brunnenbube nur zur Haupttür hinein und zur Seitenpforte wieder herausgegangen, denn er hatte ja bloß vom Brunnen heruntersteigen wollen, um sich an dem kleinen Jungen zu rächen für das Schneeballwerfen, und ihn, der jetzt genau so still halten mußte, wie sonst der Gänsejunge, nun tüchtig mit Schnee zu schmeißen.

Jetzt trat er vor Hansel hin und rief: „Siehst Du, Hansel so tut's wenn man still dastehen muß und mit Schneeballen beschossen wird. Gefällt Dir das, he? Paß auf, jetzt kommt noch einer, ein ganz fester. Ich will mal sehen, ob ich ebensogut Deine Nase treffe, wie Du meine getroffen hast."

Und der Brunnenbube bückte sich, formte einen Schneeball und hob die Hand zum Wurf und fuhr dabei fort: „Und eine Gans, die kannst Du ja haben, doch was soll sie Dir? Sie ist ja ..."

Aber plötzlich stand hinter ihm von goldenem Licht umstrahlt ein lieblicher Knabe, faßte seinen erhobenen Arm und hielt den Wurf zurück. „Brunnenbube", sagte der Knabe mit heller Stimme, „heute ist Weihnachten, weißt Du das nicht? Eben warst Du doch in der Kirche! Wie kannst Du dem Hansel sein Spiel mit den Schneebällen so böse vergelten? Sieh, er kann ja die Last Deiner Tiere kaum noch tragen! Hätte er gewußt, daß er mit dem Werfen Dir weh tut, er hätte Dich sicher nicht mit den Schneebällen geplagt."

Dabei sah der fremde Knabe den Hansel mit seinen klaren Augen so wunderbar und gütig an, daß es ihm wie ein warmer Strom durch den Körper ging und er wieder sprechen und sich rühren konnte.

Da erkannte der Hansel staunend, daß das Christkind selber vor ihm stand und daß erst jetzt, trotz allem Merkwürdigen, was er schon erlebt hatte, das erhoffte Wunder geschah.

„Christkindchen", bat er schüchtern, „Christkindchen, laß mich den Eltern die Weihnachtsgans bescheren, bitte, bitte."

Da winkte das Christkind mit der Hand, und sogleich kamen zwei Engeljungen vom Himmel herab, hoben den Hansel vom Brunnen, nahmen ihm die steinernen Gänse ab, gaben sie dem Brunnenbuben wieder in die Arme und stellten den zurück an seinen Platz.

„Nun gib dem Hansel den versprochenen Lohn, weil er Dich eine Zeit vertreten hat, damit Du einmal in der Kirche sein konntest“, gebot das Christkind.

„Meinetwegen“, sagte der Brunnenbube zögernd, „aber was will das Menschenvolk mit einer steinernen Gans? Kann es die etwa braten und essen?“

Da erschrak Hansel bis ins innerste Herz, daran hatte er ja doch gar nicht gedacht bisher, und ihm stürzten die Tränen aus den Augen vor bitterer Enttäuschung.

Aber das Christkind sagte lächelnd zum Brunnenbuben: „Das lasse meine Sorge sein.“

Da zogen die Engel eines der beiden Tiere dem Gänsejungen wieder aus dem Arm, und als sie es dem staunenden Hansel vor die Füße legten, da war es eine ganz richtige Gans aus Fleisch und Bein, wie man sie zum Braten braucht, fertig um in die Pfanne gelegt zu werden.

„Tragt sie dem Hansel heim zu den Eltern, Ihr Engeljungen“, befahl das Christkind, „daß er nun Weihnachten feiern kann, wie er's ersehnte, daß es Gänsebraten geben kann bei den Küstersleuten, denn das Wunder, von dem die Mutter sagte, das ist nun geschehen.“

Christkindlein steigt zur Erde nieder

„Aber was wird nun mit meinem leeren Arm?" fragte der Brunnenbube grämlich. „Solange ich hier stehe, ist's meine Pflicht, zwei Gänse über den Brunnen zu halten. Was werden die Leute sagen, wenn mir eine davon fehlt!"

Da wußte das Christkind wieder Rat. Im Winkel des Schloßtores stand seit undenklichen Zeiten ein alter bauchiger Steinkrug, niemand wußte weshalb.

Den hieß es die Engel dem Brunnenbuben in den gekrümmten Arm schieben, so als ob er das Gefäß ausgießen wollte.

Der verlangte vom Hansel nun nur noch das feierliche Versprechen, ihn nie wieder mit Schneebällen zu werfen. Dann war er zufrieden und guckte wieder steinern und regungslos geradeaus, als sei er niemals von seinem Platz herabgestiegen.

Jetzt öffnete sich drüben die Kirchentür und langsam traten die Leute ins Freie, von jubelnden Orgeltönen begleitet, – die Christvesper war zu Ende.

Die Engel aber faßten Hansel bei den Händen, der eine trug ihm die Weihnachtsgans und das Christkind sagte freundlich: „Frohe Weihnachten, Hansel, nun freue Dich mit den Eltern, wie Du es Dir so lange erhofft hast."

Und als das Kind ihm zum Lebewohl dankbar die Hand küssen wollte, schob es den Kleinen sanft beiseite, und zugleich sank dichtes Flockengewirbel nieder, in dem das Christkind verschwand.

Nur noch ein goldener Schimmer leuchtete durch den Schnee und zeigte die Stelle, wo es eben noch gestanden hatte.

Alles ringsum war auf einmal in weiße Schleier gehüllt, und hätten die Engel den Hansel nicht geführt, er hätte wohl gar den Heimweg nicht gefunden, so toll war plötzlich das Schneegestöber.

Der Wind fegte die Flocken im wilden Tanze über den Marktplatz und jagte die Menschen vor sich her, die mit hochgeschlagenem Kragen, die Mützen tief über die Ohren gezogen, nicht rechts noch links guckten.

Und so kam es, daß es auch keiner gesehen hat, daß der Hansel von zwei richtigen Engeljungen nach Hause begleitet wurde.

Just zur rechten Zeit langten sie daheim an. Dicht hinter dem glückseligen Buben trat der Vater ins Haus.

Gerade soviel Zeit blieb dem Hansel noch, um sein Säckchen mit Äpfeln aus dem Versteck zu holen, da rief auch schon die Mutter die Kinder zur Christbescherung.

„O du fröhliche, o du selige, gnadenbringende Weihnachtszeit“, klang es nach kurzer Zeit aus dem Küsterhause, und laut und jubelnd hob sich Hansels helle Stimme aus dem Chor der andern.

Die beiden Engel waren ums Haus geschlichen und standen auf Zehenspitzen draußen vorm Fenster und lugten durch einen Spalt in die kerzenhelle Stube. Und als das Lied zu Ende war, lachten sie vergnügt und nickten befriedigt und flogen nach Hause in den Himmel.

❄ ❄ ❄

Am andern Tage duftete es im Küsterhause herrlich aus der Küche, genau so, wie es sich Hansel so oft ausgemalt hatte. Es gab knusprigen Gänsebraten mit gebratenen Äpfeln und köstlicher Brühe, und es schmeckte noch viel, viel besser als beim Löwenwirt, weil es die Mutter bereitet hatte.

Der Brunnenbube aber stand dick verschneit und steinern auf dem Marktplatz und guckte gelangweilt und starr in die Ferne, als wüßte er nicht mehr das Geringste davon, daß er unter dem einen Arm statt der Gans einen Steinkrug hielt und gestern in Mantel und Mütze vom Küsterhansel über den Markt zur Kirche geschritten war.

Und keiner der braven Bürger merkte es, daß eine Gans am Brunnen fehlte und durch den Krug ersetzt war, denn der Schnee lag diesen Winter so endlos lange Wochen dick und schwer im ganzen Städtchen, daß, als es endlich Frühling wurde und auch der Gänsejunge sein Winterkleid verlor, sich niemand mehr recht darauf besinnen konnte, daß der Brunnen früher anders ausgesehen hatte.

Der Wegweiser am Waldrande

Wo der holprige Fußweg den Tannenwald verläßt, um fern überm Wiesengrund sich im einsamen Dorf zu verlieren, biegt ein schmaler Pfad nach rechts ab, läuft am Waldrand entlang und den steilen Abhang hinunter, bis er weit drunten im Tal in wildem Geröll und Dornengestrüpp endet.

Unwirtliche Wildnis umgibt den Wanderer, dessen Fuß sich hierher verirrt, und schwer findet er den Weg zurück aus diesem Tal, das die Menschen Höllengrund nennen, weil allerlei böse Geister darin ihr Wesen treiben sollen.

Oben an der Wegteilung ist ein Wegweiser errichtet. Seit undenklichen Zeiten steht er da auf seinem einzigen Bein in Sonnenbrand und Regen, in Sturm und Flockengeriesel und tut gewissenhaft seinen einförmigen Dienst. Der linke Arm mit der Aufschrift Himmelsbach zeigt hinüber ins Dorf überm Wiesengrund. Der rechte aber, der ehedem genau so steif den Waldrand entlang nach dem Höllengrund wies, ist nur noch ein kurzer, zersplitterter Stumpf, an dem kein Buchstabe mehr zu erkennen ist.

„Der Sturm hat ihn abgebrochen", sagen die Leute und fügen

hinzu: „Gut ist's, denn nach dem Höllengrund braucht sowieso keiner den Weg zu finden."

Darum haben sie auch den Wegweiser nicht wieder heil gemacht, und einarmig tut er nun jahraus, jahrein seine Pflicht, sieht die Menschen kommen und gehen, hört ihr Lachen und Plaudern und Seufzen und zeigt ihnen stumm und gleichgültig den Weg, ohne sich sonst um sie zu kümmern. Denn in seinem hölzernen Leib schlägt ja kein Herz wie in lebendigen Wesen.

Und dennoch hat er einmal Erbarmen gefühlt, als zwei kleine Buben den Heimweg nicht finden konnten. Da hat er den rechten Arm verloren und steht seitdem als Krüppel am Waldrand.

Christabend war's, es schneite und der Wald stand schweigend und lauschte. Mit den weichen Flocken rieselte Dämmerung scheu und geheimnisvoll nieder und huschte um Wipfel und Stämme.

Dichter flockte der Schnee, schon war ringsum alles von schimmerndem Weiß umschmiegt und mehr, immer mehr sank es flimmernd vom Himmel herab.

Des Wegweisers Arme waren wie in dicke, weiße Pelzhandschuhe gehüllt, und die Aufschrift war nicht mehr zu sehen.

Der Abendwind nahte sich schüchtern den verschneiten Tannen zu traulicher Zwiesprache, ehe es Nacht ward.

„Christabend ist heute", raunte er ihnen zu, „wachet und schaut, was die Nacht wohl bringt." Doch stumm blieben die sonst so beredten Wipfel, nur hier und da rang sich ein Seufzer unter der Schneelast hervor, – umsonst verhauchte des Windes Atem im Gezweig.

Da wandte er sich zum Wegweiser, rüttelte kräftig an seinen ausgestreckten Armen und rief ihm dasselbe zu wie den Tannen: „Christabend ist heute, wache und schaue, was die Nacht wohl bringt."

Dem Wegweiser knarrte der hölzerne Leib, und er ächzte zur Antwort: „Ich weiß, ich weiß." Dann stand er wieder regungslos und streckte die Arme verträumt ins Weite.

Da knirschte es leise im Schnee, und aus Dämmerung und Flockengeriesel tauchten zwei kleine Gestalten auf und stapften mühsam auf den Wegweiser zu.

Sie waren schon weit gewandert, vom fernen Dorf durch den Wiesengrund und das endlose Feld, wo im Sommer das Korn wogt, kamen sie herüber zum Tannenwald, dem Christkind entgegen, das sie ganz sicher hier treffen mußten, wenn es heute abend aus der goldenen Himmelstür hervortrat, um auf die Erde niederzusteigen.

Ganz heimlich hatten sie sich auf den Weg gemacht, waren leise zur Haustür hinausgehuscht, hatten noch ein Weilchen gehorcht, ob Mutter auch wirklich nichts gemerkt hatte und waren dann munter losmarschiert. Unterwegs hatten sie eifrig miteinander geschwatzt. Es war ja wahrlich auch nichts Kleines, was sie heute vorhatten. Es galt ja, der Mutter, der lieben, guten, eine ganz große Freude zum Weihnachtsfest vom Christkind zu erbitten, daß sie wieder lachen und froh sein sollte wie früher, als noch das niedliche Schwesterlein in der bunten Wiege oben im traulichen Stübchen lag und mit den kleinen, rosigen Füßchen strampelte

FSchenkel

und dabei so drollige Worte schwatzte, die man gar nicht verstehen konnte. Wie oft hatten die Brüder das kleine Wesen bestaunt und seinem lustigen Treiben zugeschaut, und die Mutter hatte dann alle drei geküßt und fröhlich mit ihnen gespielt und gelacht.

Doch das war nun schon lange vorbei, denn eines Morgens war Schwesterchen krank, und zwei Tage später hatte es der liebe Gott wieder hinauf in den Himmel geholt, woher es doch vor kaum einem Jahr erst gekommen war.

„Es hat im Himmel ein Engelchen gefehlt", hatte Großmutter den Buben auf ihre erstaunten Fragen nach dem Warum geantwortet. Und sie hatte hinzugefügt: „Seid doppelt lieb zu Eurer Mutter, denn sie ist sehr, sehr traurig, daß sie das Schwesterchen hergeben mußte."

Und wirklich, Mutter konnte gar nicht mehr lachen und froh sein mit ihnen, und einmal sahen die Brüder, wie sie an der leeren Wiege saß und bitterlich weinte.

Von da ab berieten sie täglich, was sie wohl tun könnten, um Mutter wieder vergnügt zu machen, und Willi, der Kleinere, fand es gar nicht nett vom lieben Gott, daß er das fehlende Engelchen gerade bei ihnen geholt hatte. Der Bruder aber meinte, es würde ihm eben kein andres Kindchen so gut gefallen haben wie das niedliche Schwesterchen, und sie wollten nur weiter nachdenken, wie sie Mutter trösten könnten.

Aber es fiel ihnen gar nichts Rechtes ein, und der Sommer ging hin, es wurde Herbst, und als die grauen, trüben Tage kamen, wurde Mutter zu aller Traurigkeit auch noch matt und kränklich.

Das war nun eine schlimme Zeit, und wäre nicht mit jedem Tag das Christfest näher gerückt, auf das die Buben sich trotz allem, wie jedes Jahr, unbändig freuten, so wären sie selbst ganz traurig geworden.

So saßen sie manchmal in ihrem Spieleckchen und erzählten einander, was sie sich dies Jahr vom Christkind erbitten wollten. „Ein Schaukelpferd und einen weißen Bären soll es mir bringen", vertraute Willi dem älteren Bruder an. „Und ich wünsche mir einen Helm und ein Gewehr, was richtig schießen kann", meinte Fritz dagegen.

„Aber was soll Mutter bekommen?" fragte der Kleinere. Sie dachten ein Weilchen nach. Das mußte etwas ganz Besonderes sein dies Jahr, denn sonst würde Mutter gewiß auch am Christabend traurig sein und gar nicht ein bißchen lachen wie sonst.

Da rief Fritz: „Willi, jetzt weiß ich, wie wir Mutter wieder fröhlich machen, das Christkind muß uns helfen. Wir wollen recht brav sein, bis es kommt, und dann wollen wir es bitten, daß es der Mutter wieder ein Schwesterchen in die Wiege legt."

Und nun überlegten sie miteinander, wie sie dem Christkind am besten ihren Wunsch sagen könnten.

„Du mußt ihm einen Brief schreiben", riet Willi dem Bruder, der das erste Jahr zur Schule ging. Aber dann konnten sie nicht einig werden, ob sie das Schreiben dem Postboten mitgeben sollten und was für eine Marke wohl darauf müßte, weil es doch nach dem Himmel ging. Und dann, ob der Postbote nicht etwa der

Mutter was erzählte! Der alte Mann schwatzte so viel, es sollte aber doch ganz, ganz heimlich bleiben, was sie vorhatten.

Darum meinte dann schließlich Fritz, man müßte dem Christkinde entgegengehen am Weihnachtsabend, das sei das allersicherste, denn ein Brief könnte am Ende verloren gehen und wenn er auch richtig ankäme, ob das Christkind schon lesen könnte, das wüßte er nicht genau.

Die alte Kinderfrau hatte gar oft erzählt, das Christkind käme drüben vom Walde her nach dem Dorf. Tief drinnen, wo die ganz hohen Tannen stünden, schwebte es auf einem goldenen Stern herab auf die Erde, und hinter ihm her trabe der Weihnachtsmann mit dem großen Schlitten voll Gaben. Wer sich am Weihnachtsabend an die Waldecke neben den Wegweiser stellte, der könne es vorbeigehen sehen. Aber man dürfe sich ja nicht etwa fürchten an der einsamen Stelle, denn dann hätten die bösen Geister, die unten im Höllental lauern, Macht über die Menschen, schläferten sie ein und wenn sie wieder aufwachten, sei das Christkind längst vorbei. Die Unholde aber hätten den Weg inzwischen unkenntlich gemacht, daß die Menschen sich nicht wieder heimfinden können.

Das alles aber schreckte die Buben nicht, oh, sie würden sich wohl fürchten, – warum denn? Und gar einschlafen? Daran war nicht zu denken. Der Wald war ihnen ja so lieb und vertraut.

So hatten sich die Kinder denn aufgemacht. Willi hatte erst Bedenken, weil sie ja eigentlich nicht ohne Erlaubnis fortgehen durften, und er wollte wenigstens dem Vater den Plan entdecken.

Aber Fritz verbot es und meinte, zu Weihnachten dürfe man schon mal so was tun, wenn man einen andern erfreuen wollte.

Sie waren nun also an der Waldecke angelangt, fern, ganz fern lag das Dorf, kaum konnte man noch den Kirchturm erkennen, und die kleinen Beine waren schon recht müde. Dazu war es fast finster geworden, und wie eine dunkle Mauer stand der Wald vor ihnen.

„Ob das Christkind bald kommt?" fragte Willi ein wenig verzagt den Bruder. „Ich bin ein bißchen müde", fügte er kleinlaut hinzu.

Auch Fritz war längst nicht mehr so frisch wie erst, so weit hatte er sich den Weg auch nicht vorgestellt, und er dachte besorgt daran, daß sie doch wieder heimwandern müßten. Aber er ließ sich nichts merken, tröstete den Kleineren und sagte: „Paß' nur auf, jetzt wird's nicht mehr lange dauern. Sieh' nur", er zeigte zum Himmel, an dem die Wolken sich verzogen, „jetzt gucken schon die Sternchen herunter, die sollen gewiß dem Christkind leuchten."

Die Kinder hatten ihren kleinen Schlitten mitgebracht, damit sie vielleicht das Schwesterchen, wenn Christkind ihre Bitte erfüllte, gleich darauf heimfahren könnten. Eine warme Decke hatten sie sorglich darauf gelegt, in die sie es einhüllen wollten. Jetzt ließen sie sich auf dem Schlitten nieder, um auf das Christkind zu warten und dabei ein wenig auszuruhen. Sie stellten ihn neben den Wegweiser, hockten sich dicht aneinander und nahmen die Decke um. So saß es sich warm und gemütlich und man konnte weit in den Wald hinein den Weg entlang sehen, den das Christkind kommen mußte.

Sie schauten und schauten, – so wunderbar ward ihnen zumute, so wohl ruhte sich's mitten im Schnee unter dem nächtlichen Himmel, an dem sich Stern auf Stern in Silberglanz entzündete. Neben ihnen stand wie ein treuer Wächter der Wegweiser fest und sicher und zeigte mit seinen Armen ruhig und zuversichtlich ins Weite.

Jetzt regte sich was am Waldrand. Willi lugte scheu hinüber, konnte aber nichts erkennen.

Da fielen ihm die bösen Geister vom Höllental ein, und er schmiegte sich ängstlich an den Bruder.

Der aber schlang den Arm fest um den Kleinen. „Nicht bange sein", sagte er so laut, daß es im Walde widerhallte, „wir warten aufs Christkind, da darf uns keiner was tun. Gib acht, gleich wird es kommen!"

Und wie sie wieder empor

zum Himmel sahen, kam aus seiner dunklen Tiefe helleuchtend ein Stern über den nächtlichen Wald geschwebt und sank weit drüben still herab.

Im selben Augenblick ward es hell hinterm Wald, goldenes Licht überflutete die Tannen und ließ ihr Schneekleid wundersam glitzern. Der Himmel tat sich auf und wahrlich, Christkindlein trat hervor im weißen Gewand und mit ihm viel liebliche, große und kleine Engelkinder.

Es winkte einem klaren, großen Funkelstern, der schwebte gehorsam vor seine Füße, Christkindlein setzte sich auf seinen Rücken und schwebte langsam mit ihm zur Erde nieder. Die Engel aber flogen mit ihren goldenen Flügeln hinterdrein. Nur einer, ein ganz winziger, der wohl eben erst fliegen gelernt hatte, ward von einem größeren Engel auf den nächsten Stern gehoben und sank dicht neben dem Christkind herab.

Ganz am Ende des Waldweges langten sie an, und nun kamen Christkindlein und die Engelschar in feierlichem Zuge, von goldenem Licht umflutet, gerade auf die Kinder zu.

Ehrfürchtig standen die Tannen und neigten leise die Wipfel zum Gruß. Der Wind hielt den Atem an, und am Wegrand standen auf einmal Rehe und Hirsche, Hasen, Eichhörnchen, Füchse und Vögel, alle friedlich beieinander und schauten andächtig nach dem Christkind, das segnend die Hände hob und einem jeden einen warmen Blick aus seinen Wunderaugen schenkte.

Die Kinder saßen und staunten. Wachten sie oder war das alles nur ein Traum?

Willi faßte des Bruders Hand. „Jetzt mußt Du ihm unsre Bitte sagen", flüsterte er erregt. Da stand auch schon das Christkind vor ihnen, an seiner Hand das winzige Engelchen führend, weil es eben beinahe gestolpert wäre.

Fritz riß die Mütze vom Kopfe, „Christkindlein", rief er und sank in die Knie, „Christkindlein, höre unsre Bitte. Schenk' unsrer Mutter zu Weihnachten ein neues Kindchen, daß sie wieder lacht und froh ist wie früher, ehe der liebe Gott das Schwesterchen in den Himmel geholt hat. Ach bitte, bitte, schenke ihr eines! Sieh', darum sind wir Dir heimlich entgegengegangen, wir wollten Dich treffen, ehe Du schon alles verschenkt hast. Jetzt ist doch gewiß noch ein Kindchen da, was wir der Mutter mitnehmen können."

Christkindlein schwieg und sah den Kindern ernst in die Augen. „Wißt Ihr auch, daß Ihr das Kostbarste verlangt, was ich zu verschenken habe?" fragte es.

Da kniete Willi, der bis dahin schüchtern auf dem Schlitten gesessen hatte, neben dem Bruder nieder, hob die kleinen Hände bittend und sagte: „Ich will auch gar kein Schaukelpferd und kein Bärenkind haben, wie ich es mir von Dir gewünscht habe, wenn Du nur unsre Mutter wieder froh machst."

„Und meinen Helm und das Gewehr kannst Du auch behalten und einem andern Kinde schenken, gar nichts sollst Du uns bringen, wenn nur die Mutter ein neues Kindchen in die Wiege bekommt", fügte Fritz flehend hinzu, „sieh', hier hast Du ja eins an der Hand." Und er zeigte auf den winzigen Engel, als Christkindlein noch immer schwieg.

Da schüttelte das Christkind den Kopf. „Nein", sprach es, „das darf ich nicht verschenken, das hat sich der liebe Gott ja extra zurück in den Himmel geholt. Aber seid getrost, weil Ihr Eure Mutter so lieb habt, so soll geschehen, was Ihr erbittet, sie soll wieder lachen und froh sein mit Euch."

„Dürfen wir das Kindchen gleich mitnehmen? Wir haben unsern Schlitten mitgebracht", bat Fritz.

„Und eine warme Decke zum Einwickeln, Christkindchen, daß es nicht friert", sagte Willi.

Da lächelte das Christkind. „Geht heim zur Mutter", sprach es freundlich, „das Kind muß ich ihr wohl selber bringen, denn Ihr könntet es verlieren unterwegs. Doch habt acht, daß Ihr denselben Weg geht, den Ihr gekommen seid."

Damit berührte das Christkind segnend die Brüder und schritt leicht an ihnen vorbei. Das Engelchen an seiner Hand aber nickte und lächelte ihnen zu und winkte noch von weitem mit den rosigen Händen, genau so wie früher – das Schwesterchen. Da wußten die beiden auf einmal, daß der winzige Engel niemand anders gewesen war als die kleine Schwester, die der liebe Gott in den Himmel geholt hatte, weil ihm an seiner Schar ein Engel fehlte.

Und sie wollten sie zurückrufen, um ihr wie früher, als sie noch bei ihnen war, die Händchen zu streicheln. Doch da war das Christkind mit seiner Engelschar schon ganz fern, und nur einen hellen Schein konnte man noch erkennen, bis auch der allmählich erlosch.

Der Weihnachtsmann bringt die Kinder nach Hause

Die Kinder rieben sich die Augen und standen auf. Jetzt merkten sie, daß es bitter kalt geworden war, und still und dunkel stand der Tannenwald da.

„Wir müssen heim", sagte Fritz und rieb sich die kalten Hände, „es ist wohl sehr spät geworden."

Wohin aber mußten sie nun gehen? Wo lag das Dorf, das sie vorhin gerade noch erkennen konnten? Über all dem Wunderbaren, was sie eben erlebten, hatten sie vergessen, von welcher Seite sie gekommen waren. Sie lugten nach rechts und nach links, aber nirgends blitzte ein Licht in der Ferne, das ihnen den Weg gewiesen hätte.

„Da steht ja der Wegweiser", meinte Fritz und sah zuversichtlich an dem hölzernen Gesellen empor. Aber dick mit Schnee verhüllt streckte der beide Arme ins Dunkel und verschwieg den richtigen Weg, und der Junge wußte nicht, in welcher Richtung das Dorf lag.

„Wenn wir uns nun nicht wieder heimfinden", klagte Willi und wischte sich verstohlen ein paar Tränen vom Gesicht.

Auch Fritz war ratlos. Im Walde fing es an zu rauschen, der Wind war aufgewacht und schüttelte die Tannen.

„Links müßt Ihr gehen", raunte er den Kindern zu. Doch sie verstanden ihn nicht. Da lugte der Mond hinter einer Wolke vor, hell leuchtete er nach dem Dorf hinüber und zeigte mit des Wegweisers langem Schatten den richtigen Weg.

Aber den Kindern erschien der dunkle Streifen auf dem Schnee unheimlich, sie faßten sich bei den Händen und schlugen den andern Weg, den nach dem Höllengrund, ein. Ihren Schlitten zogen sie hinter sich her und schritten still und hastig vorwärts. Nur dann und wann schauten sie unsicher zurück.

„Ins sichere Verderben!“ stöhnte der Wind. „Zurück, zurück!“, rauschten die Tannen. Aber die Kinder hörten es nicht.

Da ging ein Ächzen durch den hölzernen Leib des Wegweisers, denn ein Strahl aus Christkinds Augen hatte vorhin auch ihn getroffen, und davon bebte er noch leise ganz tief innen. Und da er die Kinder nicht zurückrufen konnte, so wollte er ihnen winken mit seinem rechten Arm, wenn sie sich wieder umwendeten. Doch der war in all den langen Jahren so steif und hart geworden, daß er – knack, knack – krachend an seinem Leibe herabsank, als er ihn bewegen wollte. Es hallte laut durch die tiefe Stille, und erschreckt durch den seltsamen Lärm drehten sich die Kinder um. Zugleich guckte der Mond wieder hell durch die Wolken und beleuchtete den zerbrochenen Wegweiser.

„Was war das?“ fragte Willi ängstlich. Doch Fritz lief schon zurück und betrachtete im Mondlicht den herabgefallenen Arm, von dem aller Schnee weggestiebt war.

„Höllengrund“, buchstabierte der Junge, und laut rief er: „Komm’, Willi, wir sind falsch gegangen, jetzt weiß ich’s genau, hier geht es nach Hause. Oh, wie froh bin ich, nun schnell, daß wir zur Mutter kommen.“

Da faßten sie sich wieder bei den Händen und marschierten tapfer vorwärts, und der Mond beleuchtete freundlich ihren Weg. Der Schnee war tief, und bald ermüdeten die kleinen Beine.

„Laß mich ein bißchen ausruhen", bat Willi, „ein Weilchen nur laß mich auf den Schlitten setzen."

Sie hockten sich nebeneinander und sahen über das verschneite Feld hinüber nach dem Dorf, das sie jetzt wieder deutlich erkennen konnten.

Eben blitzten Lichter auf und zugleich klang fernes Glockengeläute feierlich herüber, denn es war die Zeit, wo die Christvesper in der Kirche begann. Wenn sie zu Ende war, dann wurde jedesmal der Christbaum angebrannt, und die Kinder bekamen beschert. Sie saßen und lauschten und dachten an die Eltern daheim und ans Christkind, ob das nun wohl schon das Kindchen zur Mutter getragen hatte.

Und sie merkten nicht, daß vom Walde her ein großer Mann in dickem Pelz mit langem, krausem Bart mit einem kräftigen Knotenstock in der Hand nahte. Einen großen Schlitten voll allerlei Huckepack, obenauf zwei Tannenbäume, zog er hinter sich her.

„Heda, Platz, wer versperrt mir den Weg?", rief er mit tiefer Stimme.

Die Kinder schraken auf, wer kam da? „Ein fremder Mann, ich fürchte mich, Fritz", flüsterte Willi ängstlich. Doch Fritz lachte und sagte leise: „Bist Du dumm, daß ist doch Knecht Ruprecht, der Weihnachtsmann, der hinter dem Christkind herfährt und seine Gaben in die Häuser trägt."

Und laut rief er: „Guten Abend, Weihnachtsmann, willst Du hinüber nach Himmelsbach? Da könntest Du uns eigentlich mitnehmen. Wir sind müde, und der Weg ist noch weit. Du höre mal, das Christkind ist aber schon lange vorbeigekommen, wir haben's vom Himmel herabfliegen sehen."

Der Mann stampfte seinen Stock in den Schnee, lachte in seinen Bart und sagte: „Nun gut, setzt Euch zwischen die Tannen, und bindet Euren Schlitten an, so will ich Euch nach Hause bringen. Aber sagt, Ihr Buben", fuhr er brummig fort, „was treibt Ihr hier am Christabend mitten im Schnee? Der Mutter weggelaufen, was? Ungehorsame Kinder mag ich nicht leiden, das wißt Ihr wohl! Erzählt mir, was Ihr hier zu suchen habt!"

Da berichtete Fritz, was sie hinaus an die Waldecke geführt hatte, wie sie auch wirklich das Christkind getroffen und ihm ihren Wunsch gesagt hätten. Und wie sie dann nicht mehr wußten, wohin sie gehen sollten, bis der Wegweiser seinen Arm mit lautem Krach herabfallen ließ und ihnen dadurch den rechten Weg gezeigt hatte.

Der Weihnachtsmann hörte schweigend zu, dann wischte er sich mit der Hand über die Augen, half den Kindern freundlich auf seinen Schlitten und hüllte sie sorglich ein.

„Brave Buben", brummte er dabei, „nun schnell, daß die Eltern nicht warten."

Fritz und Willi gefiel es gar gut, so zwischen zwei duftenden Tannenbäumen durch den hellen Schnee heimgefahren zu werden. Und wie rasch sie vorwärts kamen! Schon lagen die Häuser ganz nahe vor ihnen, und als sie in die Dorfgasse einbogen, fingen die Glocken aufs neue zu läuten an, denn die Christvesper

A. Schenkel

war zu Ende. Nun noch schnell um die Kirche herum, dann waren sie daheim.

Der Weihnachtsmann hielt ganz von selber vor dem richtigen Hause, hob die Kinder vom Schlitten, gab jedem einen Kuß und rief ihnen nach: „Grüßt Eure Mutter schön vom Weihnachtsmann." Dann ging er eilig davon, ehe sie ihm danken konnten, und die Brüder huschten ins Haus.

Leise schlichen sie durch den Flur und lugten in die Küche. Dort stand Großmutter am Herd, und die Magd schälte Kartoffeln. Offenbar hatte niemand die beiden vermißt. Sie legten leise ihre Sachen ab und schlüpften die Treppe hinauf.

Da rief von oben Vaters Stimme: "Fritz, Willi, seid Ihr da? Nun schnell, eben war das Christkind hier, nun wollen wir den Tannenbaum anzünden."

Und wie Vater zurück ins Weihnachtszimmer ging, drang ein seltsamer Laut heraus, ein Stimmchen hell und kläglich, wie – ja – wie einst das Schwesterchen geschrien hatte, als sie es das erstemal sehen durften.

„Hast Du gehört, Willi", flüsterte Fritz. „Es ist schon da! Das Christkind ist doch zu lieb – oh, wie wird Mutter sich freuen!" Und die Brüder schlichen zur Zimmertür und preßten die Ohren dagegen, um noch einen Laut zu erhaschen.

Da tönte das Klingelzeichen, die Tür ging auf, der Lichterbaum strahlte ihnen entgegen, und davor stand die bunte Wiege, in der ein winziges Wesen zappelte und ein kleines Stimmchen schrie.

Im Nebenzimmer vor der offenen Tür aber stand Mutters Bett

und sie lag darin mit hellem, lachendem Gesicht und rief ihre Buben.

Die stürzten auf sie zu und küßten sie stürmisch.

„Nun bist Du wieder froh mit uns, liebe, liebe Mutter. Wir haben das Christkind ja um ein Kindchen für Dich gebeten und nun hat es Dir eins in die Wiege gelegt. Und das Schwesterchen haben wir auch gesehen, es ist mit dem Christkind zur Erde geflogen, es hat uns gewinkt und zugenickt", erzählte Fritz.

„Und der Weihnachtsmann läßt Dich grüßen", rief Willi dazwischen, „er hat uns nämlich heimgefahren!"

Und als Fritz die staunenden Gesichter der Eltern sah, meinte er: „Ach so, Ihr wißt ja noch gar nichts, da muß ich Euch doch alles erst mal richtig erzählen."

Von ihrer Wanderung nach der Waldecke berichtete er nun und wie das Christkind vom Himmel herabgeflogen und dann auf sie zugekommen sei, wie sie es um das Kindchen für die Mutter gebeten und dabei die kleine Schwester als Engelchen wiedergesehen hätten, und wie sie dann beinahe in den Höllengrund gelaufen wären, wenn der Wegweiser nicht laut krachend seinen Arm herabgeworfen hätte.

„Und schließlich haben wir den Weihnachtsmann getroffen und der hat uns vor unser Haus gefahren, weil wir ein bißchen müde waren", schloß Fritz.

Die Mutter zog die Kinder an sich. „Ja, da wollen wir nun dem lieben Christkind von Herzen dankbar sein", sagte sie glücklich und bewegt.

Vater aber, der tief erschrocken war, als die Kinder erzählten wie sie sich fast verirrt hatten, meinte: „Und den alten Wegweiser an der Waldecke, den dürfen wir nicht vergessen! Denn ohne ihn hätten wir unsre zwei Buben verloren. Darum wollen wir den braven Burschen im Sommer recht oft besuchen, und das neue Schwesterchen soll seine erste Ausfahrt hinüber nach dem Walde machen, wo die Brüder es in der heiligen Nacht vom Christkind für die Mutter erbeten haben!“

Inhalt

Unveränderter Nachdruck der 1927 im Verlag
Hans Friedrich Abshagen, Dresden,
erschienenen Ausgabe durch
Weltbild Verlag GmbH, Augsburg 2000
Satz und Reproduktion: XYZ-Satzstudio, Naumburg
Druck und Binden: Messedruck Leipzig GmbH

Printed in Germany

ISBN 3-8289-5999-7